НОВОЕ ВОСПИТАНІЕ.

ОСНОВНЫЯ ЧЕРТЫ

ПЕДАГОГИЧЕСКИХЪ ИДЕЙ ФРЕБЕЛЯ

и приложеніе ихъ къ семьѣ, дѣтскому саду, элементарной школѣ и женской семинаріи.

Изданіе К. Т. Солдатенкова.

МОСКВА.

Типографія Грачева и К°, у Пречистенскихъ вор. д. Шиловой.

1872.

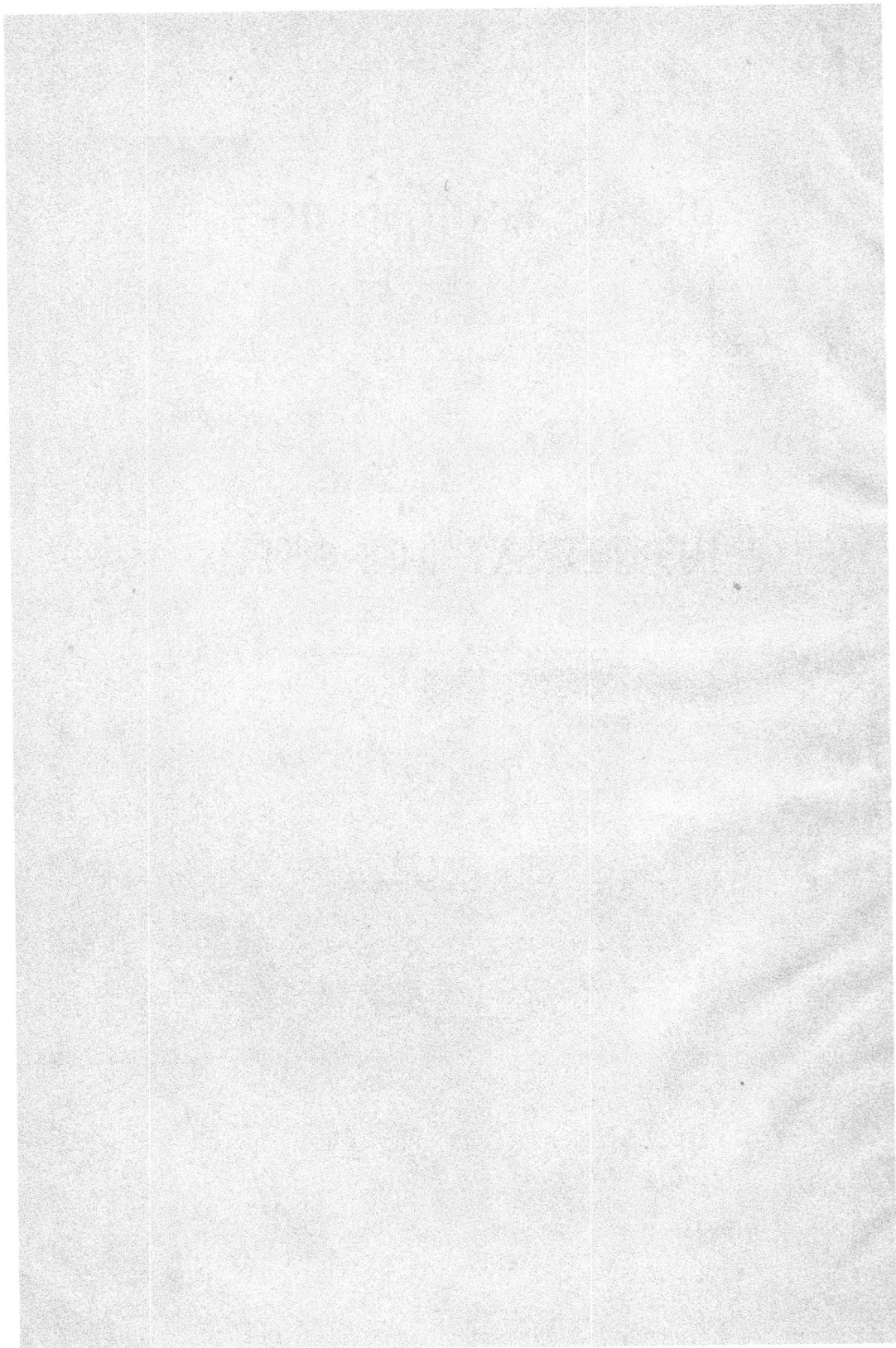

НОВОЕ ВОСПИТАНІЕ.

ОСНОВНЫЯ ЧЕРТЫ

ПЕДАГОГИЧЕСКИХЪ ИДЕЙ ФРЕБЕЛЯ

и приложеніе ихъ къ семьѣ, дѣтскому саду, элементарной школѣ и женской семинаріи.

Изданіе К. Т. Солдатенкова.

МОСКВА.
Типографія Грачева и К°, у Пречистенскихъ вор. д. Шиловой.
1872.

Дозволено цензурой. Москва 13 Мая 1872 г.

ПРЕДИСЛОВІЕ.

Коммиссія по устройству отдѣла начальнаго воспитанія при Политехнической выставкѣ, по предложенію ея предсѣдателя Оберъ Пастора Дикгофа, нашла полезнымъ ознакомить публику не только съ пособіями и коллекціями для начальнаго воспитанія дѣтей по методѣ Фрёбеля, но и съ современными взглядами на этотъ методъ Германскихъ педагоговъ.

Предсѣдатель коммиссіи г-нъ Дикгофъ отправился въ 1871 году заграницу, чтобы ознакомиться съ лучшими заведеніями начальнаго образованія и обратился тамъ съ просьбою къ извѣстному въ учебномъ мірѣ педагогу — Директору женской семинаріи въ Гота — Августу Кёлеръ, какъ ближайшему послѣдователю извѣстной Фребелевской системы воспитанія, доставить на нее свой взглядъ.

Господинъ Кёлеръ отнесся весьма сочувственно къ этому дѣлу и составилъ педагогическую статью, переведенную госпожею Штюрмеръ, предоставивъ Коммиссіи право изданія, которая принявъ трудъ господина Кёлера съ благодарностію представляетъ вниманію публики.

ВВЕДЕНІЕ.

Воспитаніе человѣка въ продолженіи первыхъ семи лѣтъ жизни признавалось мыслящими людьми всѣхъ временъ за самую трудную педагогическую задачу, какъ по ея выполненію, такъ и по тому вліянію, которое этотъ ранній періодъ имѣетъ на всю послѣдующую жизнь человѣка.

Изъ современныхъ педагоговъ не найдется ни одного, который не раздѣлялъ бы этого убѣжденія.

Мысль эта до такой степени ясна и понятна, что отвергать ее способны развѣ только люди, не привыкнувшіе размышлять; для пониманія не нужно ни учености, не нужно даже обширнаго образованія: стоитъ только трезво и безъ предразсудковъ взглянуть въ міръ естественныхъ явленій, и подумать надъ природой человѣка.

Каждый хлѣбопашецъ, каждый пастухъ отвѣтитъ намъ не колеблясь, что уходъ за молодыми растеніями и новорожденными животными долженъ быть гораздо осторожнѣе и заботливѣе, чѣмъ присмотръ за тѣми же породами сформировавшимися. Непрочность и хрупкость ихъ организмовъ указываетъ намъ сама по себѣ на необходимость самаго тщательнаго ухода, и дѣлаетъ важными такія мелочи, которыя, по отношенію развитаго организма, показались бы незначительными или даже вовсе лишними. Результаты небрежнаго или извращеннаго ухода проявляются гораздо быстрѣе и оставляютъ несравненно болѣе глубокіе слѣды на молодыхъ организмахъ, чѣмъ на болѣе зрѣлыхъ. Незначительный камешекъ, лежащій вблизи ростимаго нами деревца въ состояніи искривить его ростъ, маленькій червякъ — подточить его корни; тогда какъ согнуть пятидесяти лѣтній стволъ сосны или дуба не въ силахъ никакое вліяніе почвы; и только продолжительные и сильные удары топора въ состояніи положить конецъ его росту. Если идти дальше въ исторіи развитія животныхъ и растеній, прослѣдить вліянія правильнаго или извращеннаго ухода во всѣхъ фазисахъ органическаго развитія, то результатъ покажетъ ясно, насколько эти вліянія значительнѣе на первой ступени развитія, чѣмъ на всѣхъ остальныхъ.

Тоже самое явленіе повторяется и въ развитіи человѣческаго организма, съ той только разницей, что здѣсь вліяніе недостаточнаго или неправильнаго ухода дѣйствуетъ также гибельно и на нравственныя силы молодаго созданія.

Направленіе умственныхъ силъ, нравственныхъ задатковъ и воли человѣка рѣшается не въ позднѣйшій періодъ, когда онъ начинаетъ уже самостоятельно мыслить, какъ это думаютъ многіе; рѣшеніе это зависитъ отъ перваго періода развитія, когда умственныя силы еще дремлютъ и лежатъ въ зачаткѣ; потому что, общее направленіе, по которому данъ первый толчекъ, остается неизмѣннымъ по строгимъ законамъ послѣдовательности.

Первые моменты воспитанія составляютъ основаніе, фундаментъ всего позднѣйшаго развитія; упущенія и ошибки въ этомъ періодѣ также непоправимы, какъ ошибка, закравшаяся въ основаніе постройки: уничтожить ее въ верхнемъ этажѣ или на крышѣ не трудно, въ фундаментѣ же она непоправима, и рано или поздно непремѣнно окажетъ вредное вліяніе на все зданіе.

Важное значеніе первыхъ воспитательныхъ моментовъ заключается кромѣ того въ самой натурѣ ребенка: не обладая еще силой сопротивленія, она поддается несравненно легче всѣмъ впечатлѣніямъ, и уже поэтому одному требуетъ болѣе обдуманнаго и осторожнаго обращенія. Съ другой стороны въ ней также легко подавить пробуждающіяся дурныя страсти: онѣ еще не успѣли укорениться; тогда какъ уничтожить ихъ впослѣдствіи, бываетъ часто почти невозможно. Какъ легко затушить тлѣющую искру и какъ трудно уничтожить вспыхнувшій пожаръ!

Въ первомъ случаѣ достаточно одной капли воды, для борьбы же съ разгорѣвшимся пламенемъ требуются усилія сотни людей, и тѣ часто остаются тщетны.

Такимъ образомъ, исходная точка воспитанія начинается съ колыбели новорожденнаго ребенка. Эту мысль должны бы имѣть въ виду преимущественно воспитатели женщинъ, и употребить всѣ свои усилія, и все вліяніе на подготовку мыслящихъ и дѣльныхъ воспитательницъ маленькихъ дѣтей; на долю женщинъ выпала благородная, и вмѣстѣ съ тѣмъ трудная задача направлять силы человѣчества; но многія ли изъ нихъ ясно понимаютъ всю отвѣтственность, возложенную на нихъ?

До сихъ поръ мало развивали въ нихъ это сознаніе, мало твердили матерямъ: «Не жалѣйте трудовъ, развивайте и направляйте къ добру всѣми зависящими отъ васъ средствами нравственныя и умственныя силы вашихъ маленькихъ дѣтей; не останавливайтесь, если результаты вашихъ усилій останутся незамѣтны: помните что они медленно, но глубоко и прочно западаютъ въ души вашихъ дѣтей. Не забывайте что вліяніе ваше заключается не только въ вашихъ словахъ и поступкахъ, но и во всемъ складѣ вашего характера, въ каждомъ проявленіи его, во всѣхъ вашихъ мысляхъ, чувствахъ и желаніяхъ, свидѣтелями которыхъ, часто незамѣчаемые вами, бываютъ ваши подростающія дѣти. Помните, что мать отвѣчаетъ не за одну себя, и потому будьте неумолимо строже къ себѣ даже передъ колыбелію груднаго младенца. Не успокойвайте себя тѣмъ, что онъ не понимаетъ смысла вашихъ словъ и поступковъ; вліяніе ихъ тѣмъ не менѣе глубоко: эти первыя впечатлѣнія составляютъ всю основу его нравственной жизни. Поэтому—прежде чѣмъ воспитывать своихъ дѣтей, воспитайте себя самихъ, и чѣмъ больше вы будете владѣть собой, чѣмъ строже отвѣчать за каждый свой поступокъ, за каждую мысль,—тѣмъ честнѣе и благороднѣе будетъ исполненъ вашъ долгъ».

Важное значеніе перваго періода человѣческаго развитія доказано уже давно; а между тѣмъ, ни одинъ отдѣлъ педагогіи не развивался такъ медленно и съ такимъ незначительнымъ успѣхомъ, какъ этотъ важный вопросъ: до второй половины XIX столѣтія не было ни простаго основанія, ни твердой точки опоры для правильной разработки его.

Причина этой медленности заключается прежде всего въ трудностяхъ, которыя представляетъ систематическое воспитаніе въ первомъ періодѣ развитія.

До вышеозначеннаго періода въ средѣ педагоговъ возникало такъ мало основательныхъ отвѣтовъ на этотъ важный вопросъ, что многіе изъ нихъ рѣшились предоставить эту задачу исключительно матерямъ, ссылаясь при этомъ на ихъ врожденное чувство самоотверженія и т. д. Хотя они и сознавали, что въ этомъ случаѣ чувства недостаточно, что самоотверженіе еще не даетъ правильнаго и разумнаго отношенія къ дѣлу, но они все-таки предпочитали инстинктивное воспитаніе, допуская въ немъ мень-

ше ошибокъ, чѣмъ въ воспитаніи, основанномъ на сомнительныхъ те-
оріяхъ.

Амосъ Коменіусъ, Локкъ, Руссо, Песталоцци и ихъ послѣдователи не
раздѣляли этого убѣжденія; они стремились замѣнить произволъ матерей
сознательнымъ отношеніемъ къ дѣлу, колеблянціяся, часто противорѣча-
щія проявленія чувства строго-обдуманной и цѣлесообразной системой;
къ сожалѣнію, ихъ произведенія по этому вопросу были скорѣй диссер-
таціями для спеціалистовъ, чѣмъ совѣтами для матерей.

Въ такомъ положеніи оставался этотъ важный вопросъ, пока въ средѣ
педагоговъ не появился Фридрихъ Фрёбель; онъ пролилъ яркій свѣтъ на
него, давъ ключъ къ разрѣшенію всѣхъ существовавшихъ до него сом-
нѣній, твердую почву для колебавшейся до тѣхъ поръ науки о воспита-
ніи младенца, и, что важнѣе всего, онъ нашелъ вѣрныя средства и цѣ-
лесообразную методу для примѣненія своихъ идей въ жизни.

Въ противуположность одностороннему принципу Песталоцци, онъ
постановилъ слѣдующую мысль въ основаніе своего ученія: *человѣкъ
есть существо не только воспринимающее впечатлѣнія, но и
самостоятельно творящее*.

Для яснаго и всесторонняго пониманія идей Фребеля и ихъ примѣне-
нія необходимо разсмотрѣть:

1) Его Міросозерцаніе.
2) Задачу домашняго воспитанія въ духѣ Фребеля.
3) Цѣль и устройство дѣтскихъ садовъ.
4) Школу съ точки зрѣнія педагогическихъ идей Фребеля, и
5) Семинарію для воспитательницъ, основанную имъ.

I.

Міросозерцаніе Фребеля.

Убѣжденія воспитателя, его взглядъ на міръ и на жизнь, не могутъ
быть ни въ какомъ случаѣ вопросомъ второстепеннымъ и маловажнымъ.

Вліяніе ложнаго міросозерцанія воспитателя непремѣнно отзовется
и на воспитываемой личности; потому что его заблужденія и ложные
взгляды проявляются какъ въ его понятіяхъ о цѣли и стремленіяхъ вос-

питанія, также и въ отношеніяхъ къ воспитываемому субъэкту. Вслѣдствіе этого, нѣсколько словъ о міросозерцаніи Фребеля.

Весь міръ, какъ видимый, такъ и невидимый сотворенъ Богомъ. Какъ человѣческое произведеніе дышетъ силой и умомъ художника, точно также и въ мірѣ проявляется духъ Бога. Вслѣдствіе этого въ мірѣ не можетъ быть противорѣчій; все имѣетъ свою цѣль и основаніе, связь и послѣдовательность. Всѣ міровые законы сводятся на одинъ основной законъ — единства и гармоніи. Онъ составляетъ центръ тяготѣнія, къ которому стремится все въ мірѣ.

Истинная религія—христіанская; только она одна въ состояніи выяснить отношенія міра и человѣка къ Богу, и человѣка къ міру. Истинное воспитаніе возможно только въ духѣ этой религіи.

Единство міра состоитъ изъ безконечныхъ разнообразій; каждое отдѣльное созданіе и явленіе въ немъ—оригинально, самобытно и отличается отъ всѣхъ остальныхъ. Съ другой стороны оно тѣснѣйшимъ образомъ связано съ остальными существами и явленіями. Слѣдовательно, на каждое живое созданіе слѣдуетъ смотрѣть какъ на существо самостоятельное, законченное въ себѣ, и вмѣстѣ съ тѣмъ зависимое и тѣсно связанное со всѣмъ остальнымъ міромъ.

Человѣкъ раздѣляетъ эту двойственность со всѣмъ остальнымъ міромъ; но онъ стоитъ высоко надъ нимъ, потому что кромѣ связи съ природой, онъ чувствуетъ и сознаетъ себя связаннымъ съ высшимъ, духовнымъ міромъ.

Организмъ человѣка связанъ самымъ тѣснымъ образомъ съ землей; онъ состоитъ изъ ея составныхъ частей, и поддерживается тѣмъ же процессомъ обмѣна веществъ, т. е. вымиранія и нарожденія новыхъ частей.

Душа человѣка, заключенная въ этой вещественной оболочкѣ, — божественнаго свойства, и вслѣдствіе этого безсмертна. Такимъ образомъ въ человѣкѣ соединено земное и божественное, временное и вѣчное, смерть и жизнь въ одно цѣлое.

Человѣкъ составляетъ центръ между видимымъ и невидимымъ міромъ; принадлежа въ одинаковой степени какъ одному, такъ и другому, онъ составляетъ соединительное звено между обоими.

Третій міръ, настолько же необходимый для развитія человѣка, составляетъ—человѣчество. Полное, всестороннее развитіе всѣхъ нравственныхъ и физическихъ силъ возможно только въ средѣ человѣчества. только въ ней воспитаніе можетъ достигнуть своей конечной цѣли.

Жизнь въ человѣческой средѣ налагаетъ обязанности и отвѣтственность на каждую отдѣльную личность, избѣгнуть которыхъ невозможно.

Эти обязанности начинаются въ *семьѣ*, и затѣмъ проходятъ черезъ всѣ жизненныя сферы: общину, народъ, церковь, государство и т. д.

Такимъ образомъ человѣкъ принадлежитъ тремъ элементамъ: *природѣ, человѣчеству* и *Богу*.

Воспитатель долженъ имѣть въ виду это съ самого рожденія ребенка, и еще въ колыбели смотрѣть на него, какъ на произведеніе природы, человѣчества и Бога.

Вліяніе этихъ трехъ элементовъ должно проявляться въ стройномъ соотношеніи съ перваго момента воспитанія, безъ чего не достигнется конечная цѣль развитія человѣка какъ разумнаго члена природы, человѣчества и нравственнаго міра.

Первые моменты воспитанія человѣкъ получаетъ въ тѣсной, и болѣе или менѣе замкнутой сферѣ семьи, гдѣ его неокрѣпшія силы находятъ поддержку во всеобщей любви и заботливости. Центромъ семьи является мать, и ей то ближе всего принадлежитъ ребенокъ. Сама природа назначила ее быть первой кормилицей своего ребенка, и вмѣстѣ съ физической, давать ему и первую нравственную пищу.

Но забота и любовь матери удовлетворяютъ вполнѣ только самымъ первымъ потребностямъ ребенка, и вмѣстѣ съ тѣмъ не составляютъ его единственной развивающей силы: кругъ развитія ребенка постоянно расширяется и захватываетъ и другіе элементы. Природа, съ своими многосторонними вліяніями, дѣйствуетъ на него тотчасъ же послѣ рожденія: организмъ его, вслѣдъ за появленіемъ на свѣтъ, требуетъ воздуха, свѣта, тепла, а вскорѣ и материнское молоко оказывается недостаточнымъ для его поддержанія.

Съ любовью матери повторяется тоже самое, у ребенка являются другіе интересы и привязанности; любовь составляетъ одну изъ главныхъ воспитательныхъ силъ семьи; но она должна дѣйствовать на ребенка во всѣхъ своихъ проявленіяхъ. Любовь отца выясняетъ материнскую любовь; родительское чувство вызываетъ сыновнюю привязанность, въ которой коренится любовь къ Богу; въ братскомъ чувствѣ лежитъ задатокъ общечеловѣческой любви.

Слѣдующій фазисъ развитія наступаетъ тогда, когда физическая пища и уходъ становятся недостаточными для пробуждающихся силъ ребенка.

Члены его требуютъ упражненія, чувства—внѣшнихъ впечатлѣній; дитя хочетъ видѣть, слышать, осязать, вообще—употреблять въ дѣло всѣ свои способности; первымъ проявленіемъ самостоятельной дѣятельности бываетъ стремленіе произвести перемѣну въ окружающей обстановкѣ. Инстинкты общежитія проявляются и крѣпнутъ въ самый ранній періодъ: если дитя еще не въ состояніи перешагнуть или даже переползти порогъ своего дома, тогда его на рукахъ выносятъ на свѣжій воздухъ, къ роднымъ и знакомыхъ, гдѣ оно приходитъ въ столкновенія съ совершенно посторонними людьми.

Такимъ образомъ съ самаго начала своей жизни ребенокъ подвергается вліянію общества, спрашивается: вредно ли это? Ни въ какомъ случаѣ, если вліянія эти допускаются въ надлежащей степени и разумнымъ образомъ.

Общество и Государство смотрятъ на каждаго ребенка какъ на одного изъ своихъ дѣтей и обязываются защищать его; но до сихъ поръ эта защита была еще не достаточна: какъ общество такъ и Государство должно бы гораздо глубже заходить въ право тѣхъ дѣтей, которыя выростаютъ въ безнравственныхъ семьяхъ и дурныхъ школахъ. Каждый человѣкъ къ какой бы національности и религіи онъ не принадлежалъ, имѣетъ извѣстныя обязанности по отношенію каждаго ребенка. Истинный человѣкъ будетъ уважать въ немъ человѣческую личность и вслѣдствіе этого ограждать его отъ всѣхъ вредныхъ вліяній и дѣйствовать на него облагораживающимъ образомъ.

Точно также относится и церковь къ каждому ребенку: она смотритъ на него, какъ на своего члена, имѣющаго полное право на ея нравственную защиту. Такимъ образомъ исходной точкой всякаго воспитанія служитъ вліяніе *природы, человѣчества* и *Бога*.

Истинное воспитаніе должно развивать всѣ силы и способности ребенка и съ самаго ранняго возраста приготовлять его ко всѣмъ, соотвѣтствующимъ его развитію, жизненнымъ сферамъ.

Вліяніе замкнутаго семейнаго воспитанія удовлетворяетъ только въ продолженіи первыхъ трехъ лѣтъ жизни.

Когда же въ ребенкѣ проснется стремленіе къ общежитію и самостоятельной дѣятельности, тогда подготовка къ слѣдующей жизненной сферѣ, школѣ, должна перейти изъ тѣснаго круга семьи въ общество дѣтей одинаковаго возраста и женщинъ, изучившихъ дѣтскую натуру и приготовившихся спеціально къ дѣлу воспитанія.

Это педагогическое заведеніе, называемое дѣтскимъ садомъ, не должно исключать вліяніе семьи; цѣли его тѣже самыя, къ которомъ должна стремиться каждая хорошая семья: полное и всестороннее развитіе всѣхъ умственныхъ, нравственныхъ и физическихъ силъ ребенка, уваженіе и подчиненіе законамъ нравственности и общежитія и развитіе любви и довѣрія между воспитателями и воспитанниками. Метода и средства дѣт-скаго сада встрѣчаются точно также во всѣхъ семьяхъ, гдѣ воспитаніе удовлетворяетъ всѣмъ требованіямъ здороваго и всесторонняго развитія. Но такъ какъ нодобныя семьи составляли до сихъ поръ не болѣе какъ счастливое исключеніе, то значеніе дѣтскаго сада можно считать въ пол-номъ смыслѣ бладѣтельнымъ для подрастающаго поколѣнія. Но даже и въ томъ случаѣ, когда домашнее воспитаніе принадлежитъ къ числу хо-рошихъ, дѣтскій садъ всетаки не можетъ быть лишнимъ. Потому что даже въ лучшихъ семьяхъ всегда закрадываются такія слабости и недо-статки, которые могутъ искорениться только вліяніемъ, основаннымъ на такихъ началахъ какъ дѣтскій садъ. Къ такимъ недостаткамъ принад-лежитъ семейный эгоизмъ.

Задача дѣтскаго сада——противодѣйствовать какъ этой слабости, такъ и всѣмъ остальнымъ вреднымъ вліяніямъ, проявляющимся въ тѣсной семейной средѣ. Наряду съ этими цѣлями дѣтскій садъ подготовляетъ ребенка къ школѣ и облегчаетъ его переходъ отъ игръ и полной свободы къ ученію и школьной дисциплинѣ. Статистика школъ доказываетъ, что дѣти, воспитанныя въ дѣтскомъ саду, не только владѣютъ самымъ зна-чительнымъ числомъ ясныхъ понятій, но что имъ вообще легче дается школьное ученіе, чѣмъ остальнымъ дѣтямъ.

Съ дѣтскими садами связано самымъ тѣснымъ образомъ женское во-спитаніе; безъ разумнаго, дѣльнаго воспитанія женщинъ не могутъ су-ществовать и дѣтскіе сады. До сихъ поръ настоящее воспитаніе жен-щинъ существовало только въ теоріи, задачей хорошаго воспитанія мо-лодой дѣвушки считалось обыкновенно на ряду съ общимъ основатель-нымъ образованіемъ ея подготовка къ обязанностямъ хорошей хозяйки, жены и матери.

Въ дѣйствительности же эти цѣли или совсѣмъ не осуществлялись, или же достигались только отчасти, и притомъ самымъ неудовлетвори-тельнымъ и одностороннимъ образомъ.

Въ программахъ женскихъ школъ встрѣчается масса незначительныхъ и второстепенныхъ предметовъ; педагогическое же образованіе, составляющее безспорно самую важную сторону женскаго воспитанія появлялось въ нихъ только, какъ рѣдкое, исключительное явленіе.

Тотъ грустный фактъ, что большинство нашихъ женщинъ становится матерями, не имѣя даже азбучнаго понятія объ уходѣ за маленькими дѣтьми, самъ по себѣ такъ краснорѣчивъ, что остается только удивляться какъ нашъ мыслящій вѣкъ терпитъ до сихъ поръ причину этого вопіющаго явленія.

Извѣстно, что большинство женскихъ учебныхъ заведеній выпускаютъ въ свѣтъ вмѣсто мыслящихъ воспитательницъ, глубоко проникнутыхъ сознаніемъ возложенной на нихъ отвѣтственности—салонныхъ дамъ, пустыхъ и легкомысленныхъ въ семьѣ, невѣжественныхъ, поддающихся капризу и произволу въ дѣлѣ воспитанія.

Въ народныхъ женскихъ школахъ повторяется тоже самое безотрадное явленіе; вмѣсто вѣрныхъ и искусныхъ служанокъ на каждомъ шагу встрѣчаются тупыя и легкомысленныя, вмѣсто дѣльныхъ и добросовѣстныхъ нянекъ—невѣжественныя и испорченныя наемницы. Какъ можетъ, при такомъ порядкѣ вещей, процвѣтать народное воспитаніе?

Потребность преобразованія женскаго воспитанія чувствуется всѣми мыслящими людьми такъ живо, что никакіе приверженцы рутины и отжившихъ формъ не въ состояніи задержать радикальное измѣненіе программъ женскихъ школъ. Центромъ воспитанія женщины должно сдѣлаться основательное изученіе практической педагогіи.

Что женщины имѣютъ полное право избирать самостоятельныя поприща, это понятно само по себѣ, и нисколько не оспаривается планомъ новаго воспитанія.

Но какую бы дѣятельность женщина не избрала, доктора-ли, бухгалтера, телеграфиста и т. д. основательныя педагогическія знанія всегда принесутъ ей свою пользу. Воспитаніе—общее призваніе *всѣхъ женщинъ.*

Изо всего вышесказаннаго видно, что педагогическія идеи Фребеля опираются на развивающую силу всеобъемлющаго жизненнаго единства, и съ самаго рожденія человѣка подвергаютъ его вліянію этой силы; тогда какъ педагогическія воззрѣнія Песталоцци признаютъ въ первомъ періодѣ развитія совершенно достаточнымъ вліяніе дѣтской комнаты.

До сихъ поръ мы разсматривали человѣка въ его зависимости отъ природы, человѣчества и Бога; если же взглянуть на него съ другой стороны, то человѣкъ является намъ существомъ вполнѣ самостоятельнымъ, самобытнымъ и законченнымъ въ себѣ, владѣющимъ неограниченно своими нравственными и физическими силами.

Организмъ человѣка служитъ не только оболочкой для его души, но и орудіемъ ея. Безъ этого орудія, не было бы никакой связи между душой и видимымъ міромъ. Вслѣдствіе этого, воспитаніе должно заботиться наравнѣ съ развитіемъ умственныхъ и нравственныхъ силъ человѣка, и о томъ, чтобы его организмъ былъ здоровымъ орудіемъ этихъ силъ.

Самая элементарная задача человѣческаго ума состоитъ въ воспринятіи внѣшнихъ явленій и предметовъ; слѣдующіе за этимъ процессы мышленія перерабатываютъ ихъ въ личныя понятія и представленія, и реализируютъ результаты этой переработки во внѣшнемъ мірѣ.

Эту работу ума можно сравнить съ процессомъ дыханія: воспринятія изъ внѣшняго міра — съ вдыханіемъ, передача внутри переработанныхъ понятій и представленій — съ выдыханіемъ. На этомъ процессѣ основана вся умственная жизнь человѣка, имъ поддерживаются всѣ его духовныя силы. Проявленія этихъ силъ совершаются посредствомъ внѣшнихъ органовъ и чувствъ. Что упражненіе и развитіе всѣхъ органовъ и чувствъ развиваетъ вмѣстѣ съ тѣмъ и умственныя силы, съ этимъ, и думаю, согласится каждый; а между тѣмъ, въ воспитаніи, эта общеизвѣстная истина забывалась почти постоянно.

Посредствомъ внѣшнихъ чувствъ человѣкъ воспринимаетъ предметы и явленія изъ видимаго міра, ихъ разнообразныя строенія и формы, ихъ протяженіе, вѣсъ, цвѣтъ, число, положеніе въ пространствѣ и т. д. Проявленіе внутреннихъ представленій и понятій обнаруживается тремя различными способами: посредствомъ словъ, мимики и дѣйствій.

Посредствомъ *созерцанія* (воспринятія внѣшнихъ впечатлѣній) человѣкъ пріобрѣтаетъ *познанія*.

Посредствомъ *воспроизведенія* (активнаго проявленія внутренняго міра) онъ достигаетъ — умѣнія. Наглядный методъ Песталоцци составлявшій основу всѣхъ современныхъ педагогическихъ теорій — одностороненъ. Для дополненія его необходимъ Фребелевскій самодѣятельный методъ.

Наглядный методъ даетъ дѣтямъ только одни познанія, не дѣйствуя на ихъ производительныя силы, тогда какъ принципъ Фребеля приводитъ ихъ къ тому же результату посредствомъ самостоятельной дѣятельности.

Слѣдовательно, самодѣятельный методъ Фребеля заключаетъ въ себѣ Песталоцивскій наглядный методъ. Человѣкъ, прежде всего, существо активное. Самостоятельная дѣятельность выше пассивнаго пониманія, потому что посредствомъ дѣйствій проявляются высшія силы человѣка.

Вслѣдствіе этого, основой воспитанія должно бы служить развитіе производительныхъ силъ ребенка. Къ сожалѣнію, до сихъ поръ эта цѣль воспитанія была отодвинута на задній планъ; главное вниманіе было обращено на пассивное пониманіе, въ ущербъ активному.

Этой односторонностію воспитанія объясняется въ значительной степени и тотъ фактъ, что въ современной жизни вмѣсто энергичныхъ и дѣятельныхъ людей, развелось такъ много болтуновъ, чтобы положить конецъ этому болѣзненному явленію нашего вѣка, необходимо старымъ, отжившимъ формамъ противупоставить здоровое, дѣльное воспитаніе, которое подготовляло бы людей *дѣла*, а не слова.

Самодѣятельный методъ Фребеля даетъ полное удовлетвореніе подобнаго воспитанія.

Онъ требуетъ, чтобы воспитатель подготовлялъ ребенка съ самыхъ раннихъ лѣтъ къ дѣятельной жизни, доставляя всѣмъ его способностямъ и умственнымъ силамъ случай и возможность къ самостоятельнымъ проявленіямъ.

Вслѣдствіе этого, всѣ игры и дѣтскія занятія даже въ самомъ раннемъ возрастѣ должны имѣть цѣлью самостоятельную дѣятельность ребенка.

Упражненіе производительныхъ силъ ребенка развиваетъ и его умственныя силы; дѣйствуя самостоятельно, ребенокъ учится думать, сравнивать, обсуждать и дѣлать заключенія.

Къ тому же, прослѣдить степень развитія ребенка, его индивидуальность и наклонности всегда легче и вѣрнѣе всего въ его дѣйствіяхъ.

Такимъ образомъ, вся фребелевская система воспитанія основана на живой, творческой дѣятельности человѣка, первое проявленіе которой должно начаться въ дѣтскихъ играхъ, и затѣмъ, переходя постепенно отъ легкаго къ трудному, отъ простаго къ сложному, проходить по всѣмъ ступенямъ человѣческаго развитія.

II.

Задача домашняго воспитанія.

Ни одна жизненная сфера не располагаетъ такими богатыми и обильными средствами воспитанія какъ семья. Вслѣдствіе этого вліяніе семьи всегда перевѣшиваетъ всѣ остальныя вліянія.

Въ ней слагаются: характеръ, наклонности и привычки ребенка, все направленіе его ума, чувства и воли. Направленіе это можетъ быть вполнѣ хорошо только тогда, когда семья основана на разумныхъ и нравственныхъ началахъ.

Первыя условія хорошей семейной жизни заключаются въ единодушіи и прочной любви между родителями, въ полезной дѣятельной жизни ея членовъ, и въ строго сознательномъ уваженіи законовъ нравственности. Чувство единства, соединяющее всѣхъ членовъ такой семьи, составляетъ прочное основаніе всей нравственной жизни ребенка: изъ этого чувства развивается истинная любовь къ Богу и человѣчеству. Живая связь родителей съ Богомъ имѣетъ такое вліяніе на нравственной міръ ребенка, котораго никакія проповѣди и никакія поученія не въ состояніи замѣнить въ послѣдствіи; это первое вліяніе составляетъ твердую точку опоры всему послѣдующему религіозному направленію человѣка.

Настолько же важно для полнаго нравственнаго основанія семьи сознательное и облагороженное стремленіе къ полезному труду; потому что, какъ нравственно развитіе безъ дѣятельной жизни ведетъ только къ пустой мечтательности, такъ точно и трудъ, безъ сознательнаго стремленія къ нему превращаетъ человѣка въ раба, въ вьючное животное.

Та семья, въ которой развито свѣтлое понятіе о трудѣ какъ о цѣли, а не средствѣ существованія, которая въ трудѣ уважаетъ свое человѣческое достоинство и видитъ въ немъ смыслъ и содержаніе своей жизни, такая семья дастъ обществу самыхъ развитыхъ, энергичныхъ и полезныхъ членовъ. Такимъ образомъ, главными элементами семейнаго воспитанія должна быть взаимная любовь и довѣріе между членами ея, любовь къ Богу, сознательная любовь къ труду, развитое нравственное чувство, и всѣ тѣ хорошія качества, которыя составляютъ прочное основаніе каждаго семейнаго благосостоянія: воздержанность, бережливость и т. п.

Задача родителей по отношенію своихъ дѣтей понималась до сихъ поръ во всемъ своемъ благородномъ значеніи и трудной отвѣтственности очень не многими; потому что для вполнѣ добросовѣстнаго исполненія ея, необходима высокая степень нравственнаго и умственнаго развитія. Для того чтобы вліяніе тѣсной семейной жизни дѣйствовало на дѣтей только съ одной хорошей стороны, нужно чтобы родители были глубоко проникнуты достоинствомъ человѣческой личности; только тогда они будутъ въ состояніи во всякое время прямо и твердо смотрѣть въ глаза своихъ дѣтей, не скрывая и не тая отъ нихъ ничего: мысли, чувства и поступки ихъ будутъ въ такомъ случаѣ чисты и искренни.

Строгая соотвѣтственность съ законами человѣческаго развитія, составляетъ первое условіе нормальнаго воспитанія. Природа служитъ намъ въ этомъ случаѣ образцомъ. Растеніе, уходъ за которымъ не соотвѣтствуетъ требованіямъ его породы, — чахнетъ и не приноситъ плодовъ, тогда какъ при нормальнымъ развитіи, тоже самое растеніе даетъ и обильный цвѣтъ, и здоровые плоды.

Законы развитія, какъ и всѣ законы природы, неумолимо строги; малѣйшая погрѣшность противъ нихъ рано или поздно непремѣнно отзовется вреднымъ образомъ. Законы нравственности должны быть въ воспитаніи также послѣдовательны и непоколебимы, какъ законы природы, утверждать, что подобная строгость и послѣдовательность стѣсняетъ свободу ребенка, значитъ не понимать человѣческой натуры. Когда день смѣняется ночью, или ясный день дождливымъ, тогда никому, ни взрослымъ, ни дѣтямъ не приходитъ въ голову протестовать противъ естественнаго строя вещей, потому что протестъ не послужилъ бы ни къ чему. Если родители съумѣютъ установить въ воспитаніи также послѣдовательно и неумолимо требованія нравственности, тогда дѣти подчинятся имъ легко и свободно; тогда окажется, что для достиженія правдивости, честности, постоянства и т. д. вовсе не нужно проходить такой тернистый путь, какъ это кажется нравственно-слабымъ и непослѣдовательнымъ родителямъ.

Воспитаніе маленькихъ дѣтей предоставлено въ семействахъ исключительно женщинамъ. До сихъ поръ онѣ принимались за это трудное дѣло безо всякой подготовки, дѣйствуя или по личнымъ воспоминаніямъ, или же по совѣтамъ тетушекъ и бабушекъ, чаще же всего поддаваясь настроенію и произволу.

Эта вопіющая несправедливость по отношенію подрастающаго поколѣ-
нія повторяется не временами, и не отдѣльными личностями, а цѣлыми
вѣками, и притомъ почти всѣми безъ исключенія!

Замѣчательнѣе всего, что это, такъ называемое инстинктовное вос-
питаніе, до сихъ поръ находитъ еще защитниковъ; тогда какъ оно про-
тиворѣчитъ не только всѣмъ требованіямъ справедливости, но даже про-
стой логикѣ. Никому и въ голову не придетъ посовѣтовать человѣку
взяться за дѣло, о которомъ не имѣетъ никакого понятія; потому что,
всякій знаетъ, что даже самое простое ремесло требуетъ подготовки. А
между тѣмъ высокое призваніе матери, —это искусство всѣхъ искусствъ,
воспитаніе новаго поколѣнія людей, —цивилизованное общество предо-
ставляетъ людямъ, которыя сами то едва еще воспитаны, а о трудно-
стяхъ возложенной на нихъ задачи, едва ли имѣютъ даже смутное по-
нятіе.

Главное возраженіе защитниковъ инстинктивнаго воспитанія противъ
педагогическаго образованія женщинъ, настолько же нелѣпо насколько
не логично.

«Матери, говорятъ они, надѣлены отъ природы инстинктомъ воспи-
танія; до сихъ поръ результаты подобнаго воспитанія были удовлетво-
рительны; къ чему же, въ такомъ случаѣ, всѣ эти хлопоты? Къ тому
же, возникаетъ еще сомнѣніе, останется ли эта естественная наклон-
ность матерей во всей своей первобытной силѣ и теплотѣ, когда ее пре-
вратятъ въ систематическую науку».

Если это сомнѣніе основательно, и знаніе предмета дѣйствительно
только ослабляетъ любовь къ нему, въ такомъ случаѣ совершенно непо-
нятными становятся тѣ усилія и старанія, съ которыми всѣ люди изуча-
ютъ свою спеціальность. Не лучше ли было бы въ такомъ случаѣ, музы-
канту отдаться вдохновенію, и, не изучая правилъ музыки, приняться
за композицію? Или художнику отбросить всѣ законы живописи для того,
чтобы его природныя наклонности оставались во всей своей силѣ и чи-
стотѣ?

Современныя требованія, ставящія задачей воспитанія строгую соот-
вѣтственность всѣмъ законамъ естественнаго развитія, и вмѣстѣ съ
тѣмъ не дающія матерямъ даже самыхъ элементарныхъ понятій объ этихъ
законахъ, —поступаютъ точно также не логично.

Подобныя требованія неестественны, и вслѣдствіе этого невыполнимы.
Вина всѣхъ недостатковъ и ошибокъ воспитанія падаетъ не на матерей,

а на ихъ воспитателей. Мать не въ состояніи развивать физическія силы своего ребенка сообразно съ естественными законами развитія, не имѣя при этомъ никакого яснаго понятія о человѣческомъ организмѣ; точно также для правильнаго нравственнаго развитія ей необходимо основательное знаніе умственныхъ и нравственныхъ процесовъ, которые ей совершенно незнакомы. Ея понятіямъ о воспитаніи не дано ни прочнаго основанія, ни одной твердой точки опоры, а между тѣмъ отъ нея требуютъ правильнаго и послѣдовательнаго примѣненія ихъ! Для того, чтобы искоренить въ себѣ тотъ или другой недостатокъ, необходимо сперва убѣдиться въ его вредныхъ послѣдствіяхъ; иначе не достанетъ ни охоты, ни энергіи бороться съ собой. Какой же послѣ этого смыслъ имѣютъ всѣ протесты противъ слабостей матерей, о дурныхъ послѣдствіяхъ, и неизгладимомъ вредѣ которыхъ, онѣ не имѣютъ, и не могутъ имѣть яснаго понятія, вслѣдствіе своего невѣжества? Укажите имъ сперва на врага, дайте имъ возможность разглядѣть всю силу и вредъ его, — тогда у нихъ появится и энергія и силы для борьбы съ нимъ.

Только тогда можно будетъ говорить о правильномъ воспитаніи, когда будущія матери основательно ознакомятся съ законами человѣческаго развитія, и вмѣстѣ съ тѣмъ освоятся съ средствами и правильной методой практическаго приложенія этихъ знаній.

Тогда всѣ слабости и недостатки настоящаго воспитанія, происходящіе по большей части единственно вслѣдствіе невѣжества, — уничтожатся сами собой.

Матерямъ, которыя не имѣютъ возможности къ систематическому изученію воспитанія, можно посовѣтовать чтеніе литературы дѣтскихъ садовъ [1]).

Можно сказать съ увѣренностію, что вмѣстѣ съ пробужденіемъ въ женщинахъ сознанія о важности и отвѣтственности возложенной на нихъ задачи, — въ женскомъ образованіи послѣдуетъ значительный шагъ впередъ. Потому что, естественнымъ послѣдствіемъ этого сознанія, появится потребность въ основательномъ педагогическомъ образованіи, а стало быть и въ преобразованіи женскихъ училищъ. Въ ожиданіи же этого пре-

---

[1]) Der Kindergarten in seinem Wesen von A. Köhler. Die Praxis des Kindergartens I. und II. Band von A. Köhler. Die Bewegungsspiele des Kindergartens von A. Köhler. Die Arbeitsschule von Seider und Schmidt die Monatsschrift: Kindergarten und Elementarschule.

Weimar H. Böhlau.

образованія, которое какъ всѣ перевороты потребуетъ кажется много времени, съ тѣхъ поръ вліяніе дѣтскаго сада будетъ имѣть особенно важное значеніе въ воспитаніи маленькихъ дѣтей.

О распространеніи дѣтскихъ садовъ должно заботится само общество, казенные дѣтскіе сады допускаемы только тамъ, гдѣ уровень народнаго образованія стоитъ на низкой ступени развитія; въ противномъ случаѣ, частныя общества для распространенія дѣтскихъ садовъ принесутъ гораздо больше существенныхъ результатовъ.

Подобныя общества, т. е. сходки родителей, воспитателей и учителей были бы полезны уже тѣмъ, что соединили бы живой связью семью, школы и дѣтскіе сады, распространеніе такихъ обществъ послужитъ къ преобразованію казенныхъ и приходскихъ школъ въ чисто народныя училища.

Что въ подобныхъ сходкахъ слѣдуетъ имѣть въ виду интересы бѣдныхъ дѣтей это понятно уже по тому, что подобныя усилія всегда отзываются благодѣтельно но всемъ народѣ.

О распространеніи подобныхъ обществъ должны заботиться преимущественно семьи.

III.

Дѣтскій садъ.

Дѣтскій садъ воспитываютъ дѣтей въ возрастѣ отъ 3-тъ до 6-ти лѣтъ.

По принципу Фребеля дѣти одного прихода должны воспитываться въ одномъ и томъ же дѣтскомъ саду.

Вступленію ребенка въ дѣтскій садъ, не должно препятствовать ни различіе сословій и состояній, ни политическія и религіозныя убѣжденія родителей.

Всѣ дѣти, къ какому бы сословію и кругу они не принадлежали, должны чувствовать въ дѣтскомъ саду живую связь между собой: въ подобномъ единодушіи лежитъ зачатокъ согласной и стройной общественной жизни.

Цѣль дѣтскаго сада—общее человѣческая и вслѣдствіе этого дѣти ремесленника имѣютъ на него столько же правъ, сколько дѣти князя или графа. Единственнымъ принятствіемъ къ ступленію въ дѣтскій садъ можетъ служить физическая или нравственная уродливость ребенка; потому что первымъ условіемъ каждаго общественнаго педагогическаго заведенія, должно быть устраненія всего, что можетъ имѣть вредное вліяніе на дѣтей.

Но и этихъ дѣтей не слѣдуетъ лишать благодѣтельнаго вліянія дѣтскаго сада; только они должны пользоваться имъ отдѣльно отъ здоровыхъ дѣтей.

На практикѣ образовались слѣдующія подраздѣленія дѣтскихъ садовъ:

1) *Семейный дѣтскій садъ*, образуемый отдѣльными, знакомыми между собой, семействами, для совмѣстнаго воспитанія своихъ дѣтей. Въ подобномъ устройствѣ нѣтъ ничего дурнаго, если только мотивами такой замкнутости служатъ не сословные предразсудки, и не политическія или религіозныя убѣжденія родителей.

Въ противномъ случаѣ, основная идея дѣтскаго сада будетъ нарушено и послѣдствія такой замкнутости, окажутся непремѣнно вредными для дѣтей.

2) *Народный дѣтскій садъ*. Къ самымъ благодѣтельнымъ общественнымъ учрежденіямъ принадлежатъ пріюты для бѣдныхъ дѣтей, родители которыхъ принуждены оставлять ихъ большую часть дня безъ всякаго присмотра.

Подобные пріюты, основанные на началахъ дѣтскаго сада, называются народными дѣтскими садами. Съ педагогической точки зрѣнія въ нихъ только одинъ недостатокъ: слишкомъ продолжительное пребываніе въ нихъ дѣтей исключаетъ почти совершенно вліяніе семьи; съ практической же точки зрѣнія, этотъ недостатокъ превращается въ большинствѣ случаевъ въ преимущество, потому что въ этихъ глазахъ общества, вліяніе семьи на воспитаніе бываетъ гораздо чаще вредное, чѣмъ полезное.

3) *Дѣтскіе сады для мальчиковъ и для дѣвочекъ*, вслѣдствіе не нормальнаго разъединенія половъ нигдѣ не имѣютъ, и не могутъ имѣть успѣха.

4) *Дѣтскій садъ устроенный по образцу Фребеля*. Въ этихъ дѣтскихъ садахъ быстро распространяющихся по всей Германіи, соеди-

нены дѣти всѣхъ сословій, состояній и вѣроисповѣданій. Можно смѣло утверждать, что подобные д. сады предполагая конечно, что направленіе и устройство ихъ правильно, вполнѣ удовлетворяютъ всѣмъ требованіямъ здороваго и разумнаго воспитанія. Распредѣленіе времени, въ которое дѣти посѣщаютъ дѣтскій садъ, составлено въ немъ, съ цѣлью уравновѣсить вліяніе семейнаго общественнаго воспитанія. Для посѣщенія д. садовъ назначено не больше четырехъ часовъ, и притомъ въ такое время дня когда развивающее вліяніе семьи или совсѣмъ не дѣйствуетъ, или же проявляется въ самой незначительной степени. Дѣти отправляются въ д. садъ когда мать занята илихозяйствомъ, или другими домашними заботами, отецъ—работаетъ или уходитъ на службу, и старшіе братья и сестры въ школѣ, или тоже при своихъ занятіяхъ. Въ такое время почти всѣ дѣти предоставлены или самимъ себѣ, или же присмотру прислуги, и, что всего хуже, уличной жизни. Такимъ образомъ дѣтскій садъ ограничиваетъ не вліяніе родителей, а только ограждаетъ дѣтей отъ вреднаго вліянія прислуги и уличной жизни. Въ Германіи, и преимущественно въ Тюрингіи дѣтскіе сады открыты отъ 10 до 12, и отъ 2 до 4-хъ часовъ.

Это распредѣленіе времени, будетъ удобно въ Россіи только для небольшихъ губернскихъ, и уѣздныхъ городовъ. Въ большихъ городахъ, какъ Лондонѣ, Берлинѣ Бреславлѣ и т. д. гдѣ значительность пространства затрудняетъ посѣщенія дѣтскаго сада два раза въ день, дѣтскіе сады открыты отъ 9-ти до 1 часа [1]. Для д. садовъ Москвы и Петербурга, самое подходящее время была бы-отъ 10-ти до 2 1/2 часовъ съ свободнымъ промежуткомъ отъ 12 до 12 1/2 для завтрака.

Хорошо устроенный д. садъ долженъ располагать нѣсколькими большими, свѣтлыми комнатами, изъ которыхъ 1) *залъ для игръ* назначенъ для маршэровки и другихъ игръ д. сада (Bewegungsspiele, Kreis — Finger — Kugelspiele и др.) меблировка этого зала состоитъ изъ скамей, идущихъ вдоль стѣнъ.

2) *Залъ для занятій*, снабженный столами и скамьями соотвѣтствующей величины [2]. Главное вниманіе, при выборкѣ этого помѣщенія,

---

[1] Въ этихъ городахъ дѣти привозятся и отвозятся изъ дѣтскаго сада въ омнибусахъ, назначенныхъ для этой цѣли.

[2] Длина столовъ и скамеекъ соотвѣтствуетъ конечно помѣщенію д. сада, вышина столовъ—50 центиметровъ, ширина—65 цм.; вышина скамеекъ безъ стѣнокъ 28 цм. со стѣнками—50 цм.

должно быть обращено на достаточное количество свѣта, такъ какъ оно исключительно не назначается для занятія дѣтей Фребелевскими работами. Столы и скамьи для дѣтей должны быть устроены такъ, чтобы каждому ребенку приходилось достаточное просторное мѣсто, и чтобы лица дѣтей были обращены другъ къ другу. Этого требуетъ основная мысль дѣтскаго сада, представляющая дѣтямъ полную свободу умственнаго сношенія; тогда какъ въ школѣ вниманіе и умы воспитанниковъ находятся подъ непосредственнымъ вліяніемъ учителя, дѣтскій садъ даетъ дѣтямъ случаи наблюдать и разглядывать другъ друга, что, для ихъ умственнаго кругозора, также важно, какъ для взрослаго человѣка — наблюденія надъ жизнію. Кромѣ столовъ и скамеекъ, въ залѣ для занятій необходимы шкапы для храненія принадлежностей д. сада; (стѣнные часы, и умывальный столъ) картины, или дѣтскія работы на стѣнахъ, (Flecht-Falt-Shnur-Vershänk arbeiten и др.) придаютъ комнатѣ оживленный видъ, и производятъ пріятное впечатлѣніе на дѣтей. Подходящій цвѣтъ принадлежностей дѣтскаго сада—свѣтло коричневый. Для храненія верхней одежды дѣтей, въ большинствѣ д. садовъ употребляются стѣны зала: но лучше было бы назначить для этого особую гардеробную комнату. Ретирады должны быть удобно устроены для маленькихъ дѣтей, и находиться вблизи зала.

Садъ, или покрайней мѣрѣ просторное и тѣнистое мѣсто передъ домомъ, усыпанное пескомъ, необходимая принадлежность каждаго д. сада. Если при немъ есть садъ, каждому ребенку отводится маленькая цвѣточная градка; если же сада нѣтъ, градку можно замѣнить цвѣточными ящиками или горшками, приблизительно въ 50 центиметровъ длины, 25 ширины и 20 пм. вышины.

Дѣти, посѣщающія д. садъ, должны быть раздѣлены на два отдѣленія, сообразно ихъ силамъ и возрасту. Въ первомъ отдѣленіи они остаются отъ 3 до $4\frac{1}{2}$ лѣтъ, во второмъ отъ $4\frac{1}{2}$ до шести, и до семи лѣтъ. Для каждаго отдѣленія должна быть своя д. садовница. Въ случаѣ нужды одна искусная и опытная д. садовница можемъ надзирать, въ одно и тоже время, за обоими отдѣленіями, въ играхъ же соединять ихъ вмѣстѣ Но подобное устройство представляетъ много неудобствъ: болѣе взрослыя дѣти будутъ при этомъ задерживаться въ своемъ развитіи, тогда какъ самыя маленькія дѣти, стараясь поспѣвать за ними, будутъ черезъ чуръ напрягать свои силы.

Дѣтская садовница должна обладать основательными педагогическими знаніями; но руководящія идеи и средства дѣтскаго сада, должны быть знакомы ей не только теоретически: она должна вполнѣ владѣть ими; умѣть искусно и съ тактомъ прилагать ихъ на практикѣ.

Дѣятельность д. садовницы, требуетъ болѣе глубокаго знанія законовъ человѣческаго развитія, чѣмъ дѣятельность учителей и учительницъ; вслѣдствіе этого, ни одна женщина, какимъ бы обширнымъ образованіемъ она не обладала, не должна бы приниматься за нее, не подготовившись сперва спеціально.

На ряду съ общимъ основательнымъ образованіемъ д. садовница должна изучить всѣ правила и требованія современной педагогіи, законы человѣческаго развитія, теорію дѣтскихъ садовъ, и кромѣ того, подготовить себя практически въ образцовомъ д. саду.

Послѣднее требованіе составляетъ главную задачу основательной подготовки дѣтской садовницы, потому что искусное приложеніе знаній не вычивается изъ книгъ, какъ бы хороши и подробны онѣ не были. Теоретическая подготовка можетъ замѣнить практику только тамъ, гдѣ все основано на установившихся правилахъ и законахъ, какъ это бываетъ въ наукѣ; тамъ же, гдѣ на первомъ планѣ творческая дѣятельность, совершенства можно дастигнуть только посредствомъ постоянныхъ и систематическихъ упражненій. Ни одинъ художникъ не дошелъ бы въ своихъ произведеніяхъ до геніальности, еслибы онъ ограничивался однимъ только изученіемъ теоретическихъ правилъ своего искусство.

Тоже самое можно сказать и о дѣтской садовицѣ: ея дѣятельность скорѣй художество, чѣмъ наука. Правила дѣтскаго сада не трудны, и не особенно многочисленны; но исполненіе ихъ представляетъ такъ много неожиданныхъ комбинацій, требуютъ столько такта, тонкихъ наблюденій, и такой увѣренности въ себѣ и находчивости, что для совершеннаго выполнененія ихъ требуется постоянное и систематическое упражненіе.

Д. садовница составляетъ душу д. сада; отъ нея одной зависятъ всѣ его результаты. Уже само ея названіе указываетъ на вліяніе, которое она можетъ имѣть на ввѣренныхъ ей дѣтей. Насколько здоровое развитіе растеній зависитъ отъ садовника, и его знаній о потребностяхъ каждой отдѣльной породы его сада, о количествѣ воды, свѣта и тепла, требуемаго особенностями того или другаго цвѣтка,—настолько же здоровое развитіе дѣтей зависитъ отъ знанія и искусства дѣтской садовницы.

Девизомъ д. садовницы должно быть: «естественное развитіе всѣхъ физическихъ, умственныхъ и нравственныхъ силъ ребенка. На все рутинное и механическое, на все искусственное, она должна смотрѣть какъ на своихъ естественныхъ враговъ, и бороться съ ними для блага ввѣренныхъ ей дѣтей. Развивать въ дѣтяхъ ясныя и вѣрныя понятія, направлять ихъ наклонности къ добру и правдѣ, укрѣплять и развивать ихъ физическія силы — вотъ настоящая цѣль дѣтской садовницы.

Образованіе, въ общепринятомъ значеніи этого слова, она предоставляетъ вполнѣ школѣ; ея дѣло—выработать прочное и правильное основаніе для всего послѣдующаго развитія человѣка. Развивая въ дѣтяхъ то, или другое понятіе, дѣтская садовница должна вмѣстѣ съ тѣмъ давать твердую точку опоры, прочный фундаментъ этому понятію. Для достиженія этой цѣли, она должна преимущественно дѣйствовать на стремленіе къ дѣятельности, къ изображенію видимаго и слышимаго, которое такъ живо развито во всѣхъ дѣтяхъ, потому что, самыя прочныя и живыя знанія бываютъ всегда тѣ, къ которымъ доходишь собственнымъ опытомъ, средства д. сада даютъ возможность развивать понятія дѣтей именно такимъ образомъ, т. е. доводить ихъ до яснаго пониманія посредствомъ живой дѣятельности [1].

На этой мысли основана вся теорія Фребеля; правильное примѣненіе ея должно дать поколѣніе умственно здоровыхъ и энергичныхъ людей, у которыхъ мысль и дѣло, поступки и убѣжденія, будутъ находиться въ постоянномъ согласіи, и относиться другъ къ другу какъ причина къ слѣдствію, и слѣдствіе въ причинѣ. Законы нравственности и общежитія строго соблюдаются въ дѣтскомъ саду; что касается до правилъ, соблюдаемыхъ въ играхъ и занятіяхъ, то они нисколько не стѣсняютъ свободы и индивидуальности ребенка, потому что они основаны на глубокомъ пониманіи дѣтской натуры. Послѣдовательное соблюденіе требованій нравственности общежитія, подавляя съ одной стороны капризы и произволъ дѣтей, возбуждаютъ въ тоже время общее довольство и хорошее настроеніе духа. Для проявленія индивидуальныхъ наклонностей, дѣтская садовница отъ времени до времени, предоставляетъ игры и занятія д. сада въ полное распоряженіе дѣтей.

---

[1] Praxis des Kindergartens von A. Köhler. Weimar H. Böhlau. излагаетъ средства къ достиженію этой цѣли.

Тѣлесныхъ наказаній не существуетъ въ дѣтскомъ саду; опытъ дока-
залъ что даже самый испорченный ребенокъ теряетъ всю грубость и
необузданость, какъ только его вниманіе и способности заняты надле-
жащимъ образомъ. Насколько вѣрна народная пословица: «праздность
начало всѣхъ пороковъ»—настолько же вѣрно и то, что производитель-
ный трудъ облагораживаетъ и направляетъ человѣка ко всему хорошему.
Это доказалъ д. садъ, который, посредствомъ своего принципа труда,
достигаетъ самыхъ благодѣтельныхъ результатовъ.

*Цѣль всѣхъ игръ и занятій д. сада—развитіе физическихъ
и умственныхъ силъ дѣтей.* Маршировка—Свободныя движенія и
маршировка ничто иное, какъ гимнастика; отъ обыкновенной школьной
гимнастики оно отличается тѣмъ, что вмѣстѣ съ упражненіемъ членовъ,
дѣйствуетъ и на умъ и на воображеніе ребенка.

Для развитія дѣтской руки, играющей такую важную роль въ жизни,
существуютъ особыя игры (Fingerspiele). Во время игръ, особенное
вниманіе обращается на мимику дѣтей, значеніе которой гораздо глубже,
чѣмъ мы привыкли думать это.

Внѣшнія проявленія тѣсно связаны съ внутреннимъ настроеніемъ;
искорененіе капризныхъ и упрямыхъ движеній подѣйствуетъ непремѣнно
задерживающимъ образомъ и на развитіе дурныхъ наклонностей, соот-
вѣтствующихъ этимъ дурнымъ движеніямъ. Достигнуть этого въ д. са-
ду очень не трудно: съ одной стороны дѣятельная оживленная жизнь д.
сада, сама по себѣ противодѣйствуетъ всѣмъ дурнымъ вспышкамъ и
капризамъ; съ другой стороны строгая справедливость и ласковое обра-
щеніе дѣтской садовницы очень скоро сглаживаетъ сердитый или наду-
тый видъ, взгляды изъ подлобья и т. д. появляющіеся на дѣтскихъ ли-
цахъ только вслѣдствіи дурнаго и несправедливаго обращенія.

Круговыя игры (Kreisspielen) ничто иное, какъ наглядные образы,
взятые изъ жизни: онѣ даютъ дѣтямъ опредѣленныя понятія о различ-
ныхъ явленіяхъ природы и человѣческой жизни, знакомятъ ихъ съ дѣя-
тельностію людей, нравами животныхъ, и съ значеніемъ различныхъ
предметовъ.

Въ этихъ играхъ вполнѣ выясняются значенія *глаголовъ*. Понятія
дѣтей о движеніи и направленіяхъ, опредѣляются играми въ мячи и ша-
ры; понятіе о формахъ, очертаніяхъ и образахъ, посредствомъ вышива-
нія, выкалыванія, плетенія и др. занятій д. сада.

Предлоги, и связанныя съ ними сложныя понятія о мѣстѣ, направленіи, отношеніи предметовъ между собой, ихъ положенія въ пространствѣ и т. д. дѣлаются для дѣтей ясны во время строенія (Baukasten) Выраженія: на, подъ, за, около, надъ, между, передъ и др. употребляются постоянно, при складываніи дощечекъ и кубиковъ.

Ясное понятіе о числахъ, развивается при помощи плетенія и строенія, точно также какъ и способности вѣрно сравнивать и ясно различать и т. д.

Сильно развитое въ дѣтяхъ стремленіе къ подражанію, находитъ въ дѣтскомъ саду только одну здоровую пищу, такъ какъ все лживое, неестественное и вредное устранено изъ круга дѣтей. Такимъ образомъ, воспитанники дѣтскаго сада находятся въ постоянной дѣятельности: внутренней и внѣшней. Пѣніе и тактъ, дѣйствующіе на дѣтей такимъ оживляющимъ и возбудительнымъ образомъ, сопровождаютъ всѣ игры дѣтскаго сада.

Такимъ образомъ играя и веселясь, дѣти пріучаются думать и употреблять всѣ свои способности и силы въ дѣло. Но настоящая д. садовница не остановится на этомъ. Повидимому незначительной болтовнѣ и разсказахъ, которыми она одушевляетъ и разнообразитъ игры и занятія дѣтей, она даетъ не только здоровую пищу для ихъ мысли, но и облагораживаетъ ихъ чувства, возвышая стремленія дѣтей надъ тѣми животными инстинктами, которые безразсудныя матери и невѣжественныя няньки такъ часто развиваютъ въ ребенкѣ. Точно также отъ нея зависитъ развить и упрочить въ дѣтяхъ всѣ хорошія привычки, имѣющія такое важное значеніе въ общежитіи, какъ порядокъ, постоянство въ трудѣ, опрятность, вѣжливость и т. п.

Подготовленные такимъ образомъ впродолженіи трехъ лѣтъ, дѣти покидаютъ дѣтскій садъ для того, чтобы поступить въ школу.

Статистика Берлинскихъ школъ сообщаетъ, что дѣти, правильно посѣщавшія дѣтскій садъ, приносятъ въ школу *наибольшее количество ясныхъ понятій*, тогда какъ дѣти, пользовавшіяся исключительно домашнимъ воспитаніемъ, стоятъ въ этомъ отношеніи ниже *всѣхъ остальныхъ дѣтей*.

IV.

Элементарная школа.

Всѣ школы, основанныя на рутинныхъ началахъ и на механическомъ заучиваніи наизусть, — относятся враждебно къ дѣтскому саду; и это совершенно естественно: потому что цѣли д. сада, и принципы подобныхъ школъ, идутъ въ разрѣзъ, и кромѣ того, распространеніе дѣтскихъ садовъ подрываетъ существованіе подобныхъ школъ. Напротивъ того, новая школа, основанная Песталоцци и разработанная Дистервегомъ, видитъ въ дѣтскомъ саду своего естественнаго союзника. Цѣли ея гармонируютъ вполнѣ съ стремленіями д. сада; оба отбросили отжившій матеріальный принципъ преподаванія, замѣнивъ его формальнымъ. Этимъ объясняется та рѣзкая противуположность мнѣній, которая возникла въ средѣ педагоговъ по поводу дѣтскаго сада. Лагерь его противниковъ состоитъ исключительно изъ приверженцевъ старыхъ школъ и отжившихъ педагогическихъ принциповъ; на сторонѣ его друзей, находятся всѣ сторонники новой школы, девизомъ которой служитъ: «естественное и всестороннее развитіе всѣхъ умственныхъ и нравственныхъ силъ» той школы, которая возбуждаетъ участіе и уваженіе всѣхъ мыслящихъ людей, и которая давно уже подарвала существованіе старой, отживающей свой вѣкъ, школы. Слѣдовательно, здѣсь рѣчь можетъ быть только объ этой новой школѣ.

Разсматривая новую школу, необходимо имѣть въ виду обѣ ея цѣли: новая школа не только *учитъ*, но и *воспитываетъ*. Послѣдняя задача составляетъ ея главную цѣль: дисциплина — ея первое, доктрина второе. Но при этомъ она презираетъ всякій деспотизмъ и произволъ, избѣгаетъ всего основаннаго на настроеніи духа, и обязываетъ учителя подчиняться такъ же охотно всѣмъ ея правиламъ и законамъ, какъ онъ требуетъ этого отъ своихъ учениковъ.

Система наградъ и обѣщаній, такъ вредно дѣйствующая на нравственность воспитанниковъ, уничтожена въ новыхъ школахъ; вполнѣ послѣдовательная строгость учителя по отношенію къ себѣ и ученикамъ, въ соединеніи съ любовью и справедливостью, —вотъ первое условіе каждой хорошей школы. Второе требованіе- состоитъ въ дѣльномъ распрѣдѣленіи учебнаго матеріяла, сообразно съ силами и способностями дѣтей: праздность—портитъ людей, трудъ облагораживаетъ его. Имѣя это въ виду, новая школа заботится вмѣстѣ съ тѣмъ и о томъ, чтобы трудъ не былъ слишкомъ тяжелъ и утомителенъ для дѣтей, потому что непосильная работа не только убиваетъ любовь къ труду, но и вредитъ хорошему воспитанію. Настолько же вредна съ другой стороны, работа слишкомъ легкая, не требующая полнаго вниманія ученика.

Вслѣдствіе этого, новая школа придаетъ большое значеніе дѣльному и заботливому распредѣленію труда.

„Переходы отъ легкаго къ трудному, отъ простаго къ сложному“ — вотъ правило, по которому новая школа распредѣляетъ свой учебный матеріялъ, это правило соблюдается не только въ переходѣ отъ одного годичнаго курса къ другому, но прилагается какъ къ каждому воспитаннику, такъ и къ каждому отдѣльному часу преподаванія.

Новая школа смотритъ не на *количество* пріобрѣтаемыхъ знаній, а на *качество* ихъ, т. е. на то, чтобы каждое понятіе проникнуло *вполнѣ* въ сознаніе воспитанника, и оставило бы въ немъ живое и прочное впечатлѣніе. Система преподаванія новой школы состоитъ не въ единичномъ ученіи, которое такъ раздробляетъ силы учителя и вредитъ хорошей дисциплинѣ. Учитель новой школы смотритъ на всѣхъ воспитанниковъ какъ на одного ученика; ко всѣмъ вмѣстѣ, и къ каждому отдѣльно, обращенъ всякій его вопросъ и каждая задача. Главное преимущество подобнаго класснаго преподаванія, состоитъ въ сосредоточеніи какъ силы учителя, такъ и вниманія учениковъ.

Посредствомъ занятій подъ тактъ, соблюдаются порядокъ и экономія въ пространствѣ и времени, словѣ и дѣлѣ; отвѣты и повторенія хоромъ, то медленно и тихо, то громко и скоро, возбуждаютъ и оживляютъ толпу дѣтей, увлекая вмѣстѣ съ тѣмъ, медленныхъ и лѣнивыхъ; и задерживая черезъ чуръ поспѣшныхъ и болтливыхъ. Такимъ образомъ, чувство единства, и живая связь, соединявшія дѣтей и воспитательницъ въ дѣтскомъ саду, продолжаетъ дѣйствовать въ такой же степени и въ школѣ. Подобное основаніе школьной жизни не можетъ пройти безъ вліянія на прочное единодушное основаніе общественной и народной жизни.

Система преподованія въ новой школѣ основана на наглядномъ методѣ; но въ послѣднее время она все болѣе приближается къ Фребелевскому принципу самодѣятельности, который, какъ мы уже видѣли, развиваетъ понятія посредствомъ живой дѣятельности.

Старая школа учила читать посредствомъ *слоговъ*; какъ всякая метода, основанная на механическомъ заучиваніи оно можетъ дѣйствовать только убивающимъ образомъ не умственныя силы.

Что ребенокъ не чувствовалъ никакого интереса къ подобному ученію, и къ азбукѣ своей относился самымъ враждебнымъ образомъ, на это педагоги смотрѣли какъ на необходимое зло, и этимъ утѣшеніемъ успокоивали себя. А между тѣмъ, избѣгнуть этого зла вовсе не трудно: стоитъ только измѣнить безсмысленную и скучную форму преподаванія. Что ребенка не могутъ интересовать мертвые знаки, неимѣющіе для него никакого смысла, но которые онъ, тѣмъ не менѣе, долженъ удерживать въ своей головѣ подъ страхомъ наказаній или упрековъ, — это совершенно понятно сколько искуственнаго и непонятнаго, а стало быть и неинтереснаго для ребенка въ системѣ слоговъ, — въ этомъ легко увѣдиться: стоитъ только сложить первое попавшееся слово. Еръ — у — ка — а должно означать — рука, тогда какъ въ умѣ ребенка, совершенно естественнымъ образомъ слагается совсѣмъ другой звукъ — ерукаа.

Понявъ причину отвращенія дѣтей къ подобному преподаванію, новая школа перемѣнила его форму, и обратилось къ звуковому методу. Но новѣйшая школа пошла еще дальше: она приняла Фребелевскій принципъ самодѣятельности не составила новую методу чтенія посредствомъ письма (Shreiblesemethode) эта метода, устраняя весь механизмъ и скуку старыхъ азбукъ, влагаетъ жизнь и интересъ въ уроки перваго чтенія. Дѣти не заучиваютъ наизусть мертвыхъ буквъ, и сами изображаютъ ихъ, запоминая при этомъ легко соотвѣтствующее каждому знаку названіе. Самая выработанная и легкая форма этой методы, такъ называемая Spreehshreib—Lesemethode, начинаетъ съ изученія языка: она разлагаетъ предложенія въ слова, слоги и отдѣльные звуки, и затѣмъ, соединяетъ слышанное съ видимымъ, т. е. каждый звукъ изображаетъ соотвѣтствующимъ знакомъ; пріобрѣтенный, такимъ образомъ, навыкъ къ чтенію, переносится легко и безъ всякаго напряженія напечатное письмо.

Опытъ доказалъ что подобная метода преподованія не только облегчаетъ и вносимъ интересъ въ ученіе, но въ тоже время дѣйствуетъ развивающимъ образомъ на умственныя силы дѣтей. Въ подобныхъ урокахъ, искустный и понимающій дѣло учитель, выясняетъ понятія дѣтей о предметахъ, формахъ, числахъ, величинахъ, пространствахъ и т. д.

Изученіе орѳографическихъ правилъ достигается совершенно такимъ же путемъ: они не даются готовыми и не заучиваются дѣтьми механически, какъ это бывало въ старыхъ школахъ, но выясняются постепенно и наглядно, во время письменныхъ упражненій, и вырабатываются подъ руководствомъ учителя самими дѣтьми.

Новая школа придастъ не столько значенія мертвымъ правиламъ языка и письма, сколько живому приложенію ихъ. *Правила* — для нее не *цѣль*, а только *средство* близкое знакомство съ употребительными формами роднаго языка, достигается тѣмъ, что впродолженіе первыхъ четырехъ школьныхъ курсовъ, каждый отвѣтъ на вопросъ учителя дается ученикомъ въ цѣльныхъ и правильныхъ предложеніяхъ.

Къ остальнымъ предметамъ преподованія, (Фребелевскій Darstellungs principъ) прилагается съ совершенно такимъ же успѣхомъ. Законъ Божій, напр. въ продолженіи первыхъ четырехъ лѣтъ преподается только въ формѣ библейскихъ разсказовъ. Очевиднѣе всего польза Фребелевскаго метода въ приложеніи къ преподаванію ариѳметики. До Песталоцци существовалъ только одинъ пріемъ преподаванія: дѣтей заставляли заучивать названія чиселъ, начиная отъ 1-го и до ста, и наоборотъ отъ 100 до 1-го. Впослѣдствіи къ этому прибавилось механическое заучиваніе таблицы умноженія, пользовавшейся необыкновеннымъ почетомъ въ глазахъ педагоговъ: на послѣднихъ страничкахъ почти всѣхъ азбукъ и катехизисовъ таблица умноженія красовалась какъ готовая и непогрѣшимая истина. Что ученики не раздѣляли благоговѣнія учителей, и относились къ ней самымъ враждебнымъ образомъ, — это совершенно естественно. Какъ можно учить съ интересомъ то, смысла и значенія чего не понимаешь?

Песталоцци съ своимъ нагляднымъ методомъ достигъ въ преподаваніи ариѳметики такихъ результатовъ, о которыхъ до него и не мечтали: изъ мучительно скучныхъ часовъ какъ для учителей такъ и для учениковъ, они превратились въ источникъ интереса и удовольствія. Послѣдователи Песталоцци разработали и улучшили его методу; возникло множество такъ называемыхъ счетныхъ машинъ, изъ которыхъ русскіе счеты, еще недавно считались за самыя удобныя. Директоръ семинаріи въ Гота, А Кёлеръ, первый примѣнилъ Darstellungsprincipъ Фребеля къ преподаванію ариѳметики: онъ замѣнилъ счеты дощечками дѣтскаго сада, и передалъ такимъ образомъ матеріалъ нагляднаго обученія изъ рукъ учителей, въ руки учениковъ. Съ тѣхъ поръ многія школы послѣдовали этому примѣру, и результаты вездѣ оказались самые благопріятные. Примѣненіе Фребелевскаго принципа встрѣчается далѣе въ преподаваніи географіи.

Пріемы старыхъ школъ, состоявшіе въ заучиваніи заданныхъ уроковъ по книгамъ и тетрадкамъ, извѣстны болѣе или менѣе всѣмъ; новыя школы ввели для болѣе нагляднаго преподаванія — ландкарты, и исходную точку географическаго изученія перенесли въ классную комнату, и затѣмъ, переходя постепенно отъ мѣстныхъ условій къ географическому положенію родины, сосѣднихъ государствъ и т. д. послѣдовательно расширяли умственный кругозоръ дѣтей. Къ этой методѣ въ послѣднее время прибавилось рисованіе учениками географическихъ ландкартъ, (вполнѣ основанное на Фребелевскомъ Darstellungsprincip) что въ значительной степени выясняетъ и упрочиваетъ пріобрѣтаемыя знанія.

Такимъ образомъ, теорія д. садовъ начинаетъ проникать и въ область школьнаго ученія. Но вліяніе это не останавливается на одной теоріи: въ послѣднее время въ школахъ начинаютъ появляться и вспомогательныя средства дѣтскаго сада. Такъ напр. въ двухъ элементарныхъ классахъ встрѣчается плетеніе дѣтскаго сада, какъ вспомогательное средство къ обученію ариѳметикѣ; оно развиваетъ и упрочиваетъ ясныя понятія о числахъ ихъ возникновеніи и составѣ, и вмѣстѣ съ тѣмъ значительно облегчаетъ и оживляетъ ученіе, соединяя числа съ формами и красками. Для нагляднаго обученія элементарныхъ геометрическихъ понятій введенъ Falstblatt дѣтскаго сада. Съ такимъ же успѣхомъ могутъ примѣниться и другія средства д. сада.

Примѣненіемъ ихъ къ школьнымъ занятіямъ достигаются двѣ цѣли: во первыхъ, всѣ пріобрѣтаемыя понятія и знанія упрочиваются и становятся яснѣе, потому что все выработанное и воспроизведенное собственными силами западаетъ всегда несравненно глубже и прочнѣе; вторая цѣль состоитъ въ развитіи и возбужденіи дѣятельныхъ стремленій въ дѣтяхъ, т. е. въ подготовкѣ здоровыхъ, энергичныхъ и самостоятельныхъ умовъ.

Только подобныя школы могутъ съ основаніемъ сказать, что онѣ развиваютъ *всѣ* умственныя силы дѣтей.

Дальнѣйшій анализъ новой школы повелъ бы слишкомъ далеко, и потому прибавлю еще только одно примѣчаніе.

Новыя школы подготовляютъ своихъ воспитанниковъ къ *жизни* гораздо больше, чѣмъ старыя; потому что новая метода школьнаго ученія тѣснѣйшимъ образомъ связана съ живой дѣйствительностію. Кромѣ того новая школа даетъ учетелю возможность гораздо основательнѣе и глубже изучить индивидуальныя наклонности и способности своихъ учениковъ, такъ какъ дѣти наравнѣ съ взрослыми опредѣляются гораздо основательнѣе посредствомъ дѣла, чѣмъ посредствомъ слова.

Это преимущество новой школы такъ значительно, что опо одно заставляетъ предпочитать ее.

V.

Женская семинарія.

Мысль Фребеля, что наши женскія учебныя заведенія далеки отъ своей настоящей цѣли,—не требуетъ доказательствъ.

Для пополненія пробѣловъ и недостатковъ женскаго воспитанія необходимы высшія учебныя заведенія, доступныя для молодыхъ дѣвушекъ всѣхъ сословій [1]) и основанныя на тѣхъ началахъ, которыя Фребель имѣлъ въ виду въ своей женской семинаріи спеціальной цѣлью подобныхъ семинарій, должна быть на ряду съ основательнымъ общимъ образованіемъ, подготовка дѣльныхъ воспитательницъ.

Результаты такого преобразованія въ воспитаніи женщинъ, должны оказаться, какъ для отдѣльнаго народа, такъ и для всего человѣчества, самые благодѣтельные, потому что въ рукахъ женщинъ лежитъ воспитаніе и направленіе подрастающаго поколѣнія. Тотъ народъ, которому прежде удастся воспитать истинныхъ матерей, опередитъ все остальное человѣчество.

Эту мысль яснѣе всѣхъ сознавалъ Фребель; вслѣдствіе этого онъ посвятилъ всю свою жизнь на изученіе цѣлей и средствъ истинаго воспи-

---

[1]) Примѣчаніе перевод. Авторъ имѣетъ при этомъ въ виду преимущественно Тюрингію, гдѣ не существуетъ рѣзкаго различія сословій.

танія, и опираясь на свою многостороннюю опытность и на глубокое понимаше дѣтской натуры, основалъ въ своей теоріи и практикѣ дѣтскаго сада, настоящую науку для матерей, замѣняющую инстинктивное и произвольное воспитаніе, сознательнымъ и разумнымъ.

Дѣтскій садъ имѣетъ важное значеніе не только какъ педагогическое заведеніе, но и какъ средство, дающее женщинамъ возможность на практикѣ изучить пріемы новаго воспитанія. Дистервегъ называетъ дѣтскій садъ учебнымъ заведеніемъ для матерей и прибавляетъ д. садъ тоже самое для матерей, что образцовая школа для учителя ¹).

Дѣтскій садъ представляетъ необходимое, и при томъ единственное вспомогательное средство для педагогическаго образованія женщинъ. Для полноты же и законченности воспитанія необходимо имѣть въ виду и основательное изученіе хозяйства. Хорошая хозяйка не только кладетъ прочное основаніе всему семейному быту, но въ тоже время служитъ живымъ примѣромъ для своихъ дѣтей.

Что основательное научное образованіе необходимо для женщинъ, въ этомъ насъ убѣждаетъ прежде всего тотъ фактъ, что большинство ошибокъ и недостатковъ въ воспитаніи происходятъ только вслѣдствіе невѣжества нашихъ женщинъ.

Такимъ образомъ спеціальное направленіе семинаріи изученіе педагогіи, должно опираться на основательное научное образованіе, вслѣдствіе чего семинаріи могутъ служить дополнительнымъ учебнымъ заведеніемъ и для всѣхъ дѣвушекъ, которыя не имѣютъ въ виду посвятить себя воспитанію.

Въ настоящее время подобныя семинаріи не принадлежатъ болѣе къ области теоріи; онѣ начинаютъ распространяться по всей Германіи.

Чтобы познакомить читателя ближе съ цѣлями и стремленіями женскихъ семинарій, разсмотримъ устройство одного изъ лучшихъ заведеній въ подобномъ родѣ, близко знакомое намъ.

Оно существуетъ съ 1850 года, устроенное въ Готѣ, ея теперешнимъ директоромъ А. Кёлеромъ.

Семинарія эта располагаетъ удобнымъ и просторнымъ помѣщеніемъ, хорошими учителями и соединенно съ д. садомъ и элементарной школой. Пока она состоитъ изъ двухъ отдѣленій: для дѣтскихъ садовницъ и учительницъ, но въ скоромъ времени къ нимъ присоединятся два среднie

---

¹) Pädagogishes Jahrbuch 1853 стр. 151 и 152.

класса, для соединенія элементарной школы съ семинаріей, и третій высшій классъ, въ которомъ образованіе молодыхъ дѣвушекъ заканчивается основательнымъ изученіемъ хозяйства. Такимъ образомъ въ этой семинаріи соединены всѣ фазисы женскаго образованія; вступая съ трехъ лѣтняго возраста въ дѣтскій садъ, молодая дѣвушка выходитъ изъ семинаріи вполнѣ подготовленною къ жизни: образованной и искусстной воспитательницей и хорошей хозяйкой.

Воспитанницы семинаріи, т. е. трехъ послѣднихъ классовъ, пользуются вполнѣ правами взрослыхъ дѣвушекъ: стѣснительныхъ, школьныхъ формъ и ограниченій не существуетъ; отношенія между ними, учителями и учительницами не принужденны, обмѣнъ мыслей совершенно свободный.

Что касается до преподованія, то въ немъ воспитанницы принимаютъ самое дѣятельное участіе. Всѣ педагогическія, стѣснительныя формы преподованія уничтожены: отношенія между учителями и воспитанницами основаны единственно на довѣріи къ добросовѣстности и любознательности послѣднихъ. Вся система преподаванія направлена къ тому, чтобы какъ можно больше расширять кругъ самостоятельнаго мышленія и дѣятельности воспитанницъ. Такъ напр. повтореніе всѣхъ предметовъ, предоставляется самимъ воспитанницамъ; каждая поочереди излагаетъ передъ цѣлымъ классомъ содержаніе пройденнаго предмета, что съ одной стороны чрезвычайно оживляетъ ученіе, съ другой же стороны служитъ къ опредѣленію индивидуальныхъ силъ каждой.

Предметы преподаванія слѣдующіе:

1) Законъ Божій.
2) Антропологія.
3) Педагогія.
4) Исторія педагогіи.
5) Методика.
6) Катехетика (метода преподаванія основанная на вопросахъ).
7) Теорія дѣтскаго сада.
8) Практика д. сада.
9) Домоводство Familien und Haushaltungskunde.
10) Бухгалтерія.
11) Нѣмецкій. ⎫
12) Французскій. ⎬ Языки.
13) Англійскій. ⎭

14) Ариѳметика.

15) Геометрія.

16) Исторія.

17) Географія.

18) Естественная исторія.

19) Физика и химія.

20) Чистописаніе.

21) Рисованіе.

22) Пѣніе.

23) Гимнастика.

24) Рукодѣліе.

Въ I-мъ классѣ семинаріи планъ спеціально педагогическаго препода-
ванія распредѣленъ слѣдующимъ образомъ. Изслѣдованіе важности и значе-
нія воспитанія вообще и въ первый періодъ развитія въ особенности. Мать
какъ воспитательница. Ребенокъ какъ воспитанникъ. Его развитіе. Уходъ
за нимъ въ первые *дни, недѣли, мѣсяцы* и *годы* его жизни. Изуче-
ніе спеціальныхъ наблюденій надъ развитіемъ дѣтей, различныхъ темпе-
раментовъ (Шварца, Сигизмунда и др.) Изученіе средствъ и пріемовъ
правильнаго воспитанія въ первые годы жизни. Обзоръ цѣлей къ кото-
рымъ стремится д. садъ и школа. Отношенія д. сада и школы къ семьѣ,
и дѣтскаго сада къ школѣ.

Во II-мъ классѣ этотъ планъ разширяется; въ составъ его входитъ
спеціальное изученіе дѣтскаго сада и практическая подготовка дѣтскихъ
садовницъ. I-й классъ приготовляетъ исключительно учительницъ; на ря-
ду съ общимъ образованіемъ, въ немъ спеціально проходится педагогія,
подготовляющая воспитанницъ теоритически, и методика, дающая имъ
практическое знаніе новѣйшихъ и лучшихъ методъ во всѣхъ отрасляхъ
преподаванія, и преимущественно въ элементарныхъ классахъ, гдѣ пре-
подаваніе требуетъ художественнаго совершенства. Ученицы, прошед-
шія всѣ три класса получаютъ такимъ образомъ основательныя теорити-
ческія знанія; практическая же подготовка ихъ достигается посред-
ствомъ занятій въ дѣтскомъ саду и школѣ (Hospitiren), посредствамъ
практическихъ упражненій подъ руководствомъ учителя, и — съ помощью
пробныхъ уроковъ и критики. Послѣднія упражненія имѣютъ особенно
важное значеніе въ практической подготовкѣ воспитанницъ; вслѣдствіе
этого, не мѣшаетъ разсмотрѣть ихъ ближе. Цѣль пробныхъ уроковъ —

опредѣленіе степени умѣнія и искусства, съ которыми каждая ученица прилагаетъ пріобрѣтенныя ею свѣдѣнія.

Задачей подобныхъ уроковъ для *дѣтскихъ садовницъ* бываетъ: или маршировать съ дѣтьми, вести круговыя игры, или же руководить ихъ занятіями: строить и т. д.; для *учительницъ*—преподаваніе того или другаго предмета въ элементарной школѣ (чтенія, ариѳметики, естественной исторіи и т. д.) содержаніе пробныхъ уроковъ опредѣляется учителемъ и раздается каждой воспитанницѣ, которая, послѣ теоретической обработки, сдаетъ его публично, въ назначенномъ отдѣленіи дѣтскаго сада, или въ соотвѣтствующемъ классѣ элементарной школы.

Присутствующими при этомъ бываютъ: директоръ семинаріи и всѣ остальныя воспитанницы. Послѣднимъ ставится задачей внимательно слѣдить за ходомъ урока, и, для болѣе важнаго опредѣленія его, записывать какъ хорошія; такъ и дурныя стороны его выполненія.

По окончаніи урока, директоръ и всѣ воспитанницы собираются въ своемъ классѣ, и критическій разборъ данаго урока начинается воспитанницей, сдававшей его.

Ей предоставляется опредѣлить недостатки и промахи противъ педагогическихъ правилъ, которые она замѣтила въ своемъ урокѣ, и по возможности объяснить причину ихъ. Кромѣ того, во все продолженіе критики ей предоставлено полное право защищаться отъ направленныхъ обвиненій, если они неправильны, и давать нужныя поясненія.

Вслѣдъ за ней, всѣ остальныя воспитанницы по очердно высказываютъ свои личныя мнѣнія о ея урокѣ. Для основательнаго опредѣленія всѣхъ частностей пробнаго урока, составленъ слѣдующій планъ, по которому составляются личныя мнѣнія воспитанницъ.

a) Каковы были ея манеры: спокойны или застѣнчивы, самоувѣренны или робки?

b) Была ли она *сама* заинтересована и оживлена?

c) Была ли ея рѣчь оживленна или вяла, медленна или слишкомъ поспѣшна и т. д.?

d) Правильны ли ея выраженія?

e) Выдерживаетъ ли она нужныя паузы?

f) Достаточно ли выразителенъ ея голосъ?

g) Понятны ли для дѣтей содержаніе и форма ея выраженій?

h) Соблюдалась ли вездѣ связь и послѣдовательность?

i) Не было ли проступковъ противъ педагогическихъ правилъ?

j) Сумѣла ли она заинтересовать дѣтей?

k) Вселяетъ ли она имъ уважение?

l) Есть ли живая связь между ею и дѣтьми.

m) Замѣтенъ ли успѣхъ со времени ея послѣдняго пробнаго урока, и удалось ли ей избѣгнуть ошибокъ, на которыя критика обратила ея внимание?

Собравъ личныя мнѣния воспитанницъ, директоръ подтверждаетъ правильныя, и опровергаетъ невѣрныя опредѣления и обращаетъ внимание воспитанницъ на важныя стороны ея урока, не затронутыя критикой, при чемъ затрогиваются значительные педагогическіе вопросы и возбуждаются оживленныя пренія по поводу различныхъ мнѣній воспитанницъ.

Въ заключение директоръ вкратцѣ опредѣляетъ дурныя и хорошія стороны пробнаго урока, и даетъ, сдававшей его воспитанницѣ, нужныя совѣты и указания.

Тѣ педагогическія правила, которыя вырабатываются во время подобныхъ преній и критики, записываются одной изъ воспитанницъ и составляютъ сводъ законовъ семинаріи; и притомъ такихъ законовъ, смыслъ и цѣль которыхъ вполнѣ понятна всѣмъ подчиняющимся имъ.

Направленная съ умѣніемъ подобная критика въ высшей степени оживляетъ ученье и возбуждаетъ энергію и интересъ воспитанницъ. Всѣ ихъ педагогическія познанія, пріобрѣтаемыя живымъ опытомъ вкореняются прочно и неизгладимо, каждой предоставлена возможность опредѣлить свою собственную цѣну и свои силы; всѣ ошибки и недостатки, встрѣчая такой энергичный отпоръ, сглаживаются и изчезаютъ несравненно быстрѣе; педагогическія сужденія воспитанницъ пріобрѣтаютъ вѣрность и мѣткость; кромѣ того, подобные общественные приговоры возбуждаютъ въ высшей степени энергію и соревнование воспитанницъ.

Подготовленныя теоритически и практически такимъ образомъ, воспитанницы сдаютъ свои выпускные экзамены въ качествѣ учительницъ и дѣтскихъ садовницъ.

Для полноты и законченности женскаго образования къ этимъ курсамъ прибавлено основательное изучение хозяйства и семейнаго быта.

Планъ преподавания состоитъ изъ слѣдующихъ подраздѣленій: значеніе и устройство семейнаго быта.

Интересы семьи. Женщина, какъ представительница дома. — Условія здоровой жизни. — Дѣтскія и спальни. — Кухня. — Съѣстные припасы. — Чердакъ и погреба. — Господа и прислуга. — Освѣщеніе и отопленіе. — Печи и лампы. — Семейная касса. — *Familienetat*. — Веденіе приходо-расходныхъ книгъ и т. д.

Дополненіемъ отдѣльныхъ предметовъ служить преподованіе бухгалтеріи, химіи и физики кухни и ариѳметики.

Цѣлью преподаванія ариѳметики служитъ обзоръ всѣхъ важнѣйшихъ денежныхъ и торговыхъ учрежденій, основательное знакомство съ которыми такъ важно для женщины, въ интересахъ семьи. Ходъ преподаванія приблизительно слѣдующій: опредѣливъ цѣль и значенія того или другаго предпріятія, учитель выясняетъ его выгоду или сомнительную пользу для частныхъ интересовъ, и въ заключеніе задаетъ воспитанницамъ ариѳметическую задачу для практическаго примѣненія данныхъ поясненій. Программа преподаванія состоитъ изъ слѣдующихъ отдѣловъ: сберегательныя кассы — банкъ — векселя, страховыя отъ огня общества. — Общество страхованія пожизненныхъ доходовъ и т. п. акціонерныя компаніи всѣхъ родовъ — биржи — пошлины, таможенное правленіе — экспедиціонная торговля — коммиссіонерныя и акціонерныя общества — процентныя бумаги — лотереи и т. д.

Посѣщеніе всѣхъ уроковъ обязательно только для тѣхъ воспитанницъ, которыя намѣреваются сдавать экзаменъ учительницы или дѣтской садовницы.

Съ Готской семинаріей соединенъ пансіонъ для иностранокъ; устройство его не имѣетъ ничего общаго съ тѣми заведеніями, въ которыхъ господствуютъ монастырскія обычаи и стѣсненія.

Всѣ его правила заключаются въ соблюденіи законовъ общежитія и нравственности.

Объемъ этой статьи не допускаетъ болѣе подробнаго распространенія объ устройствѣ и частностяхъ женскихъ семинарій; читатели, которыхъ интересуетъ этотъ вопросъ, могутъ ближе познакомиться съ нимъ посредствомъ Normalshulplan für das Gothaische Lehrerin Seminar» изданный въ Веймарѣ книгопродавцемъ Н. Böhlau.

www.ingramcontent.com/pod-product-compliance
Lightning Source LLC
Chambersburg PA
CBHW081305040426

42452CB00014B/2659